CADDY · WORTE DES LEBENS

WORTE DES LEBENS

Eileen Caddy

Opal Verlag

Aus dem Englischen übertragen von Karl Friedrich Hörner

Originalausgabe: »The Living Word«

Published by: The Findhorn Foundation,
The Park, Forres IV36 0TZ, Scotland

Dieses Buch können Sie direkt beim Verlag beziehen, es kostet
DM/SFr 14,80 (öS 115) plus Portoanteil (Versand mit Rechnung).
Bitte richten Sie Ihre Bestellung an:

Opal Verlag, Postfach 24, D-86451 Dasing, Tel. 08205/7800 (Fax 7700)

8. Auflage, Dezember 1995
1. Auflage: Oktober 1981

Illustrationen: Hanni Benrath
Umschlaggestaltung: Karl Friedrich Hörner
Satz: Fotosatz Geiß, Puchheim
Druck + Bindung: Fritz Steinmeier, Nördlingen

Printed in Germany

ISBN 3-924021-00-7

Inhalt

Vorwort

Die kurzen Gebete oder Meditationen in diesem Büchlein wurden mir nach und nach im Laufe der Jahre gegeben. Ich verwendete sie im Sanctuary, bevor ich in die Stille ging, oder wenn ich in Not war.

Sie wurden mir von der »kleinen sanften Stimme« im Innern geschenkt, mit der ich nun seit vielen Jahren lebe. Ich nenne sie »Gottes Stimme«; Sie können sie nennen, wie Sie wollen.

Ich hoffe, diese Meditationen werden auch für Sie so aufbauend und segensreich sein wie für mich.

Eileen Caddy
Findhorn

Vorwort zur deutschen Ausgabe

Mit großer Freude und Dankbarkeit schreibe ich das Vorwort für die deutsche Ausgabe von »The Living Word«. Ich hoffe, daß diese inspirierten Worte vielen Lesern Hilfe und Erbauung bringen und ihren Hunger nach geistiger Nahrung stillen werden.

Diese »Worte« wurden mir im Gebet und in der Meditation geschenkt; sie haben ihren Ursprung in der »kleinen, sanften Stimme«, der Gottheit im Innern. Ich glaube, daß jeder von uns, der tief in die Stille und in die Mitte seines Wesens geht, bis zu jener Quelle kommt, die Gott in uns ist, der Einheit und Einssein in unser Leben und in die Welt bringt.

Seien Sie alle gesegnet, die Sie dieses Buch lesen!

Eileen Caddy
Findhorn
im August 1981

Morgengebet

Wir stehen hier am Anfang eines neuen Tages.
Wir weihen Dir diesen Tag.
Wir weihen unsere Hoffnungen und Bemühungen
der Ausbreitung des Guten,
der Erfüllung Deines Willens.

Du bist unsere Stärke
und unser Leben.
Du bist das Licht, das uns leitet.
Du bist die Kraft in uns,
die alles vollkommen macht.
Du bist die Liebe in uns,
die alles in Harmonie bringt,
die jede Verletzung verzeiht und heilt.

Diesen ganzen Tag
wollen wir daran denken,
daß wir in Dir leben und uns bewegen,
daß wir in Dir sind.

Wir wollen all unsere Pläne,
unsere Hoffnungen
und unsere Träume
Dir anvertrauen
in dem Wissen,
daß in Dir alles seine Erfüllung findet.

Laß uns bleiben in Deiner allgegenwärtigen Liebe,
den ganzen Tag über,
denn wir wissen, daß wir darin
von Deiner Liebe und Kraft,
von Deinem Frieden
und Deiner Freude erfüllt sind.

Wir bitten Dich:
Gebrauche uns
nach Deinem Willen;
mache uns zum Kanal
für Deine Wunder,
für Deine Herrlichkeit.

Amen.

Beginn

Ich schaute eine stark befahrene Schnellstraße; rastlos floß der Verkehr in beide Richtungen. Niemand wandte den Blick von der Fahrbahn; alle fuhren geschäftig einem Ziele zu, irgendwohin.

Dann wurde mir ein Feldweg gezeigt. In friedlicher Schönheit säumten ihn Blumen und Hecken, belebt von Vögeln und Kleintieren.

Ich erkannte und sah Gott in allem, und ein tiefer Frieden erfüllte mein Herz.

Ich vernahm die Worte:

»Beginne jeden Tag in der
Stille in Meinem Frieden.
Dann kannst du hinausgehen
und dich allem stellen, was
der Tag dir bringen wird,
in Freude und vollkommenem Frieden.

Fange heute damit an!«

I

Es ist so wichtig, wie ihr den Tag beginnt.
Laßt zuerst ein Lied des Dankes erklingen,
aus einem Herzen voller Dankbarkeit
und aus dem Bewußtsein Meiner grenzenlosen Liebe und Fülle.
Wisset, daß euch Zeit gegeben ist,
Zeit, alles zu tun, was nötig ist.
Es ist an euch, diese Zeit zu nutzen.

Laßt Mich euch führen durch den ganzen Tag.
Legt alles in Meine Hände:
euch,
eure Arbeit,
all eure Angelegenheiten,
euer Hoffen, Planen und Tun.
Laßt Mich in euch und durch euch wirken.

Laßt ab von dem Gefühl, durch die Zeit bedrängt zu sein,
fließt mit in ihrem Strom,
und ihr werdet an den rechten Ort kommen,
zur rechten Zeit,
und das Richtige tun.

Wehrt nie etwas ab, weil es schwierig erscheint;
wisset, daß Ich euch die Energie und Weisheit geben werde,
alles zu vollbringen,
im rechten Geist
und mit Freude.

Für alles ist Zeit da,
wenn ihr auf Mich eingestimmt seid.
Ihr könnt das erfahren —
heute!

II

Was ist euer erster Gedanke beim Erwachen?
Ist es die Freude über einen neuen, verheißungsvollen Tag,
oder ängstigt ihr euch, was er euch bringen mag?

Bemüht ihr euch, in Einstimmung zu kommen
und in Harmonie mit diesem neuen Tag?

Könnt ihr erwachen
mit einem Lied des Lobes auf den Lippen,
mit tiefer Dankbarkeit im Herzen?

Was für ein Unterschied wäre es doch für euch,
wenn ihr das tun könntet,
wenn ihr den Tag beginnen könntet,
indem ihr euch vornehmt,
alles im Lichte der Liebe zu sehen,
was immer euch begegnet,
den ganzen Tag.

Seht in allem das Gute,
seht das Positive.

III

Dieser Tag
kann ein schöner, erfüllter Tag sein;
es liegt bei euch, was ihr damit anfangt.

Warum ihn nicht mit Danksagen beginnen,
gleichsam um das Herz zu öffnen?

Je dankbarer ihr seid,
desto offener seid ihr
all dem Schönen, das der Tag bringen kann.

Liebe,
Lob
und Dankbarkeit
reißen die Tore weit auf
und erlauben dem Licht einzuströmen,
und alles zu durchströmen, zu verwandeln.

Im Augenblick eures Erwachens
entscheidet ihr darüber,
was für einen Tag ihr haben werdet.

Erwacht mit Freude im Herzen,
mit einem Lied des Preises und Dankes auf den Lippen!
Wisset, daß Ich mit euch bin
und deshalb alles dem Guten dient.

IV

»Verändert euch
durch die Veränderung eures Sinnes!«

Eine Schlange kann nicht wachsen,
ohne ihre alte Haut abzustreifen.
Ein Küken kann nicht aus dem Ei schlüpfen,
ohne die Schale aufzubrechen.
Ein Kindlein kann nicht geboren werden,
ohne den Leib der Mutter zu verlassen.

Das sind natürliche Vorgänge,
und sie müssen sein.
Unaufhaltsam vollziehen sich Sterben und Neubeginn.

Wenn das Küken nicht die Kraft hat,
aus der Schale auszubrechen,
wird es sterben.

Alles hat seine Zeit.

Ihr könnt versuchen,
Veränderungen zu verhindern,
weil ihr euch sicher und geborgen fühlt, wo ihr gerade seid
und lieber in euren Grenzen bleiben würdet,
als hinauszugehen in das Unbekannte.
Aber in diesen Grenzen werdet ihr ersticken
und sterben.

So ändert euch,
ändert euch fortwährend;
Ich bin allezeit bei euch.

V

Solange ihr wachst
und euer Bewußtsein erweitert,
nähert ihr euch dem Verstehen des Geheimnisses:
dem Wunder des ewigen Lebens,
dem Erkennen des Einsseins mit Mir,
dem Schöpfer alles Lebens,
dem Schöpfer allen Seins.

Schritt für Schritt
geht ihr vor- und aufwärts,
in Stille und Geborgenheit.
Erkennt, daß alles in Meinen Händen liegt,
deshalb gibt es nichts,
worum ihr euch sorgen müßtet.

Werdet wie die Kinder,
frei und fröhlich,
und das Leben wird euch
eine ständig sprudelnde Quelle der Freude,
eine Welt voller Wunder,
wo hinter jeder Wegbiegung
etwas Neues und Überraschendes auf euch wartet.

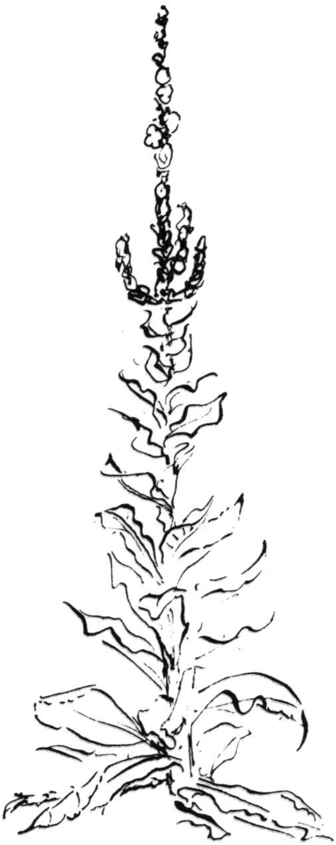

VIII

Begrüße diesen Tag mit Freude;
lege Freude in alles, was du heute tun wirst.
Es ist ein neuer Tag,
ein herrlicher Tag,
von Mir gesegnet.

Schau nicht auf die Vergangenheit,
noch in die Zukunft,
sondern erfreue dich dieses Tages
und laß dich erfüllen von Mir.

Widerstehe nicht der Veränderung,
wachse und entfalte dich,
enthülle all die Gaben und Talente,
die noch verborgen in dir schlummern.

Verbirg nicht dein Licht,
deine Liebe,
deine Freude.
Laß sie hinausstrahlen
und gib deinen Teil dazu,
daß diese Welt eine hellere wird
und der Himmel auf die Erde kommt.

Glück ist nicht etwas,
das man aus dem Leben herausziehen kann,
sondern es fällt dem zu,
der sein Bestes in das Leben hineingibt.

Warum nicht gleich damit anfangen?

IX

Schließe die Augen,
und du siehst klar.
Achte nicht mehr auf den Lärm draußen,
und du wirst Meine Wahrheit vernehmen,
jene kleine, sanfte Stimme im Innern.

Sei stille,
und dein Herz wird vor Freude jubeln.

Sieh keine Trennung,
und du wirst die Einheit finden.

Sei sanftmütig,
und du wirst keine Gewalt brauchen.

Sei geduldig,
und du wirst jedes Ziel erreichen.

Laß das Leben sich entfalten wie eine Blume,
sei immer gewahr des Christus im Innern
und wisse, daß alles gut ist.

Säume nie, für alles Dank zu sagen,
hält doch die Dankbarkeit dein Herz offen
und die Liebe am Fließen.

Laß Meine göttliche Liebe
durch dich strömen zu allen,
die dir heute begegnen.

Beginne jetzt!

XII

Freue dich und sage Dank allezeit,
denn du weißt, daß du ewig lebst.
Eines Tages vermagst du,
jeden Augenblick in Meiner Herrlichkeit und Fülle zu leben,
die Vergangenheit zu vergessen
und die Sorgen um die Zukunft fahren zu lassen —
einfach zu leben in dem Wissen,
daß das Leben keinen Anfang hat
und kein Ende,
daß Leben ewig ist
und du zu ewiger Hoffnung berufen.

Ich bin das Leben
Ich bin in dir
Ich lebe und habe Mein Sein in dir

Ich bin unendlich
Du bist eins mit Mir
Du bist eins mit allem Leben.

Stille und Meditation

Von allen Seiten drang Lärm und Getöse auf mich ein;
doch als ich mich nach innen wendete, verschwand es,
und ich war eingehüllt in tiefe Stille.

Da vernahm ich etwas, das klang wie das zarte Ticken
einer Uhr.

Als ich aufmerksam lauschte,
hörte ich es lauter und deutlicher.

Ich vernahm die Worte:

> »Ich bin immer hier. Wenn du dir aber Meiner Nähe und Meiner göttlichen Gegenwart nicht bewußt bist, kannst du Meine Stimme nicht hören. Deshalb bringe zum Schweigen, was außen ist, auf daß du vernehmen kannst, was im Innern ist.«

XV

Beginne diesen Tag in stiller Meditation.
Löse dich von aller Geschäftigkeit.
Räume weg alle Schranken
des Zweifels,
der Sorge,
der Angst,
die zwischen dir und Mir stehen könnten.

Laß Mich in dir und durch dich wirken
und wisse: Bei Mir sind alle Dinge möglich.

Laß Mich in dir aufbauen
Vertrauen,
Zuversicht,
Glauben,
Mut.

Fürchte dich nicht!

XVI

Gehe in die Stille,
denn in der Stille reifen die Dinge.
In der Stille erreichst du die Höhen,
in der Stille wirst du wiedergeboren,
umgewandelt und neu belebt.

Die Stille ist göttlich:
In ihr hat alles seinen Ursprung.

In der Stille
werde dankbar,
dankbar für alles.
Erkenne die Segnungen in deinem Leben
und wisse:
Meine Liebe hat keinen Anfang
und kein Ende,
Mein Überfluß
ist ohne Grenzen.

XIX

Wenn du warten mußt,
warte bei Mir
und lasse dich beleben mit neuer Kraft!

Jeden Augenblick,
den du warten mußt,
verbringe mit deinem Herzen bei Mir,
in enger Gemeinschaft mir Mir.

Sei nicht enttäuscht,
weil du auf etwas oder jemanden zu warten hast,
sondern sei dankbar für diese Zeit
und nütze sie fruchtbar:
Lenke deine Gedanken auf Mich,
stelle dich auf Mich ein,
sprich zu Mir und höre Mir zu.

Sammle Kraft in Meiner göttlichen Liebe
und ströme sie dann hinaus in die Welt.

Wenn du wieder auf jemanden warten mußt,
oder darauf, daß etwas eintritt,
denke an diese Worte
und handle danach —
und siehe:
Alle Anspannung, aller Ärger und Mißmut werden verschwinden;
du wirst in vollkommenem Frieden sein.

So sei jetzt in vollkommenem Frieden
und laß Mich dich gebrauchen.

Einklang mit Gott

Ein seltsames Pochen war um mich und hüllte mich ein.

Es war ähnlich dem Pulsschlag eines Herzens.

Ich vernahm die Worte:
»So schlägt das Herz des Universums. Komme in Einklang mit ihm, dann wirst du eins mit allem Leben.«

XX

Nimm dir Zeit für die Stille
und lausche all dem Wunderbaren um dich;
gib dich ihm ganz hin
und lasse nicht ab zu danken,
daß du Ohren hast zu hören.

Wie oft im Laufe eines Tages verweilst du
und lauschst den vielen Tönen
in dir und um dich?
Bleibst du einmal stehen,
horchst und zählst,
wieviele verschiedene Laute
dich erreichen?

Das wird dich empfänglicher machen,
wacher und bewußter.

Wenn du das versucht hast
und dir bewußt wurde,
wie alles um dich herum lebt,
dann versuche auch,
auf alle inneren, unfaßbaren Töne zu lauschen,
die nur in völliger Stille zu vernehmen sind —
in einer Stille, die über menschliches Verstehen hinausgeht.

Du kommst in Einklang
mit der Welt des Geistes,
mit dem, auf das es wirklich ankommt,
und das zählt.

XXI

Tiefe Freude kannst du erfahren
im stillen Gebet;
deine Freude kannst du ausdrücken
in einem Lied,
im gesprochenen Wort.

Dein ganzes Wesen kann tanzen vor Freude.
Ein Lächeln kündet von Freude.
Freunde können die Freude teilen,
selbst wenn sie nicht die gleiche Sprache sprechen.

Freude ist nicht auf eine Altersgruppe beschränkt:
Dem Kinde,
dem Jugendlichen,
dem Erwachsenen –
allen ist die Freude gemein.

Freude ist wichtig für dein geistiges Wohlbefinden,
und du mußt der Freude Ausdruck geben.

Sage Dank allezeit
für die Freude zu leben,
für die Freude der Gemeinschaft,
für die Freude, dich freuen zu dürfen
über all die vielen erfreulichen Dinge im Leben.

ICH BIN FREUDE

XXII

Es gibt viele Wege,
das Ziel ist allen gemein.

Immer gibt es einen leichten Weg
und einen schweren Weg,
ans Ziel zu kommen.

Es gibt einen geraden Weg
und den Umweg, der um alle Ecken führt.
Die Wahl steht euch immer frei.

Du hast völlige Freiheit,
dir deinen Weg zu wählen.
Deshalb suche ihn und folge ihm,
am Ende wirst du das Ziel erreichen:
Die Verwirklichung Meiner Göttlichkeit in dir.

XXIII

Meine grenzenlose Liebe
Meine grenzenlose Wahrheit
Meine grenzenlose Weisheit
haben weder Anfang noch Ende;
sie sind,
von Ewigkeit zu Ewigkeit.

Mache dir dies bewußt,
nimm es an
und nimm es auf,
daß es ein Teil von dir werde.

Das ist das Leben,
ein viel reicheres Leben.

Sogar die Himmel sind dein,
denn alles, was Ich habe, ist dein,
und du bist Mein.

Wir sind eins,
jetzt und allezeit.
Sage ewig Dank für alles.

XXIV

Ich bin der Ich bin.

Es ist Mein Leben, das dein Wesen erfüllt,
es ist Mein Licht, das deine Seele erfüllt,
es ist Meine Liebe, die dein Herz erfüllt.

Alles ist eins,
alles ist heil.

Fühle Mein Leben:
Es strömt, es pulsiert durch dein ganzes Wesen,
es baut auf, es erneuert und macht heil.

Mein Licht strömt ein
in deine Seele.
Nun sieh, klar und deutlich:
Mein Licht vertreibt alle Dunkelheit,
befreit dich von Zweifel und Verwirrung.

Meine Liebe erfüllt dein Herz.
Liebe fließt durch dich hinaus
zu allen, mit denen zu zusammenkommst.

Alles ist eins.
Alles ist heil.

XXV

Deine Seele, dein Körper und Geist werden neu belebt,
sowie du dir Meiner Gegenwart in dir bewußt bist.

Ich bin die Quelle aller Schöpfung,
Ich bin die Quelle allen Lebens,
Ich bin auch dir die Quelle.

Ich bin Licht
Ich bin Liebe
Ich bin in dir

Mein göttliches Gesetz ist in dir am Wirken,
befreit dich von aller Dunkelheit,
überwindet alle Hindernisse und Anfechtungen,
füllt dich mit Leben, mit Energie,
erneuert dich von innen heraus und gibt dir Kraft.

Ich bin alle Weisheit.
Ich bin es, der dich leitet
und jede deiner Handlungen lenkt.
Sei dir Meiner immer bewußt,
der Gottheit in dir.

XXVI

Alles, was Ich habe, ist dein,
alle Güter des Universums.
Ich gebe dir die Schlüssel zu Meinen Schatzkammern –
Ich bin dein ein und alles.

Ich bin die Quelle alles dessen,
das du dein Eigen nennst;
deines Lebens Kelch fließt über.
Meine Reichtümer sind unermeßlich,
sie sind ohne Grenzen.

Vergiß alle Gefühle des Mangels
und laß nicht zu, daß irgendetwas dich ängstigt.
Halte dich an Meinen grenzenlosen Überfluß
und habe daran teil.

Komme zu Mir mit offenem Herzen,
nimm Mich an als die Quelle alles Guten,
damit Ich dich erfüllen kann
mit Frieden, Liebe und grenzenlosem Überfluß.
Sei vollkommen frei und eins mit Mir.

Sage Dank allezeit.
Gehe Meine Wege
alle deine Tage.
Tue Meinen Willen.

Frieden sei mit dir!

XXVII

Sei belebt und erneuert
durch die Lebenskraft,
die dich durchpulst
vom Scheitel bis zur Sohle.

Wisse dich völlig eins
mit der Quelle allen Lebens,
aller Schöpfung,
mit Mir.

Sage Dank allezeit
für das Wunder dieses Einsseins!
Gehe hinaus in diesen Tag
freudig und erfüllt.

XXVIII

Sei erneuert, erfrischt und geheilt
durch dein Einssein mit Mir.

Verweile in diesem wunderbaren Einssein
und du wirst sehen, wie all jene kleinen Sorgen
und ängstlichen Gedanken
aus deinem Herzen verschwinden.

Wisse, daß Ich in dir bin,
die unbegrenzte, schöpferische Kraft,
die dem Universum Gestalt gibt
und der Sterne Lauf bestimmt.

Du kannst dich ohne Furcht jeder Herausforderung stellen
in dem vollen Wissen, daß es nur eine Kraft gibt,
die jedes Hindernis zunichte werden läßt.

Bejahe dein Einssein mit Mir, dem Geliebten,
und laß dich erfüllen mit Freude für diesen neuen Tag.

Fühle, wie Meine Liebe
jede Zelle deines Körpers,
jeden Winkel deiner Seele
durchdringt und mit Kraft erfüllt.
Sie macht alles neu,
sie bringt Harmonie und Frieden.

Sage ewig Dank für alles
und erkenne, wie gesegnet du bist.

XXIX

Ich bin mit dir.
Wenn du hinaufsteigst in die Höhen
oder hinabsinkst in die Tiefe:
Ich bin da.

Ich bin bei dir in der Stille,
wenn alles in Frieden und Harmonie ist,
doch Ich bin auch da, wenn du nach Mir rufst,
wenn du in Not bist, in Chaos und Lärm,
und dich nicht mehr zurechtfindest.

Ich bin dir näher als dein Atem,
näher als Hände und Füße.

Ich bin in dir
wie Ich in aller Schöpfung bin.

Alles ist eins
Alles atmet ein Leben
Ich bin das Leben
Ich bin in allem

Freue dich!
Sage Dank allezeit,
denn wir sind eins.

XXX

In Meinem Frieden findest du deine Mitte,
in dem Frieden, den nichts stören kann.

Wenn du von Zeit zu Zeit
in Umstände geraten magst, die dich beunruhigen,
die dich verunsichern oder beängstigen —
verbinde dich mit Mir,
mit Meiner Gegenwart in dir,
und du findest Stille und Meinen Frieden.

Ich bin in dir.
Ich bin das stille, klare Zentrum des vollkommenen Friedens.

Sei dir Meiner Gegenwart allezeit bewußt,
sieh Mich in jedem und allem.

Ich bin da.
Sieh, mit Augen, die wirklich sehen.
Höre, mit Ohren, die wirklich hören,
und sage ewig Dank, allezeit.

XXXI

Was auch immer mißglückt,
was auch immer euch belastet,
wie die äußeren Umstände auch erscheinen mögen:
Vertraut auf Mich,
auf Meine Gegenwart und Kraft.

Wisset, daß Ich immer bei euch bin,
euch zu führen und zu schützen.

Erkennt euer Einssein mit Mir,
nehmt Mich an.

Wenn ihr um diese Einheit wißt
und bereit seid, sie anzunehmen,
werdet ihr tiefes Glück und große Freude erfahren.

Das Glück kommt aus dem Innern.
Lernt, auf jene kleine, sanfte Stimme zu lauschen,
tief in euch.

In Einheit,
im Einssein mit Mir
könnt ihr alles vollbringen.

Seid euch dessen immer bewußt
und gehet hin im Glauben.

XXXII

Wo immer ihr auch seid: Ich bin da,
denn Ich bin mitten unter euch.

Wenn ihr euch dessen allezeit bewußt seid,
könnt ihr unbesorgt, sicher und geborgen sein.

Wenn ihr euch aufmacht ins Unbekannte,
so wisset: Ihr seid nie allein.
Ich bin da, leite und führe euch.
Ich mache die krummen Wege gerade
und räume die Hindernisse zur Seite.

Meine Liebe ist immer da,
umgibt und umhüllt euch:
Geht also euren Weg im Vertrauen!
Laßt eure Herzen von Liebe und Dankbarkeit überfließen!

Sei voller Frieden
und wisse:
Ich bin der Ich bin.
Ich bin in aller Schöpfung.
Ich bin in dir.

XXXIII

Innerlich fühlt ihr,
daß die Erde durch Geburtswehen geht.

Auch ihr geht durch diese Wehen.
Ihr könnt euch davon nicht ausschließen;
nichts ist davon ausgeschlossen.

Laßt den heilenden Balsam, laßt die Liebe durch euch fließen.
. . .
Gott ist Liebe.
Gott ist in jedem von uns.

Wir sind heil.
Die Erde ist heil.
Wir verschmelzen mit der ganzen Schöpfung.
Unser Leben ist eins in Gott.

Wir sind eins.
Wir sind eins.
Wir sind eins.

Unser Herz schlägt im Einklang mit allem Sein.
Wir sind im Einklang mit allem Leben.
Wir sind im Einklang mit dem Unendlichen.
Wir sind im Einklang mit Gott.

XXXIV

Schaue all die Wunder der Natur,
schaue sie mit tiefer Dankbarkeit.

Denn du findest Mich überall:
im Wachstum des Baumes,
in der Farbe der Blüte,
im Duft der Rose.

Denke immer daran,
daß Ich in allem bin!

Im winzigen Sandkorn
und in der Form eines Steines
ebenso wie in der Erhabenheit der Berge:
Ich bin da.

Münde ein in den Strom der Natur
und werde eins mit allem,
was dich umgibt,
mit Mir.

XXXV

Öffne dich ganz und wisse:
Ich bin da.

Laß Mich alles mit dir teilen.
Nimm dir Zeit,
mit Mir zu gehen,
mit Mir zu sprechen,
auf Meine Stimme zu lauschen.

Komme näher,
immer näher.

Wenn du das gewahr geworden bist:
Ich und du, wir sind eins –,
fühlst du das Wunder
dieses Einsseins,
den vollkommenen Frieden
tief im Innern.

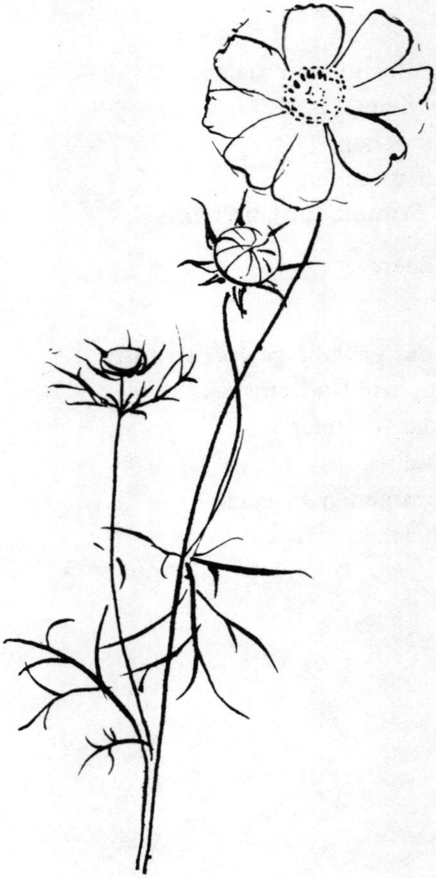

Liebe

Ich schaute eine große Schale und sah zu, wie sie sich — einer Muschel gleich — langsam öffnete.

Immer, wenn irgendetwas in ihre Nähe kam, schloß sie sich schnell, und öffnete sich dann jedesmal langsam und vorsichtig wieder.

Ich vernahm die Worte:

> »Haltet eure Herzen immer weit geöffnet, daß die Liebe allezeit herein- und hindurchfließen kann. Bringt mehr und mehr Liebe in die Welt!«

XXXVI

Meine Liebe ist überall;
es gibt keinen Ort, wo Meine Liebe nicht ist.

Meine Liebe ist auch im Innersten deines Wesens
und strahlt aus auf alle, mit denen du zusammenkommst.

Meine Liebe ist der Urgrund allen Seins.

Kommst du in eine Lage, in der nicht Harmonie herrscht:
Ich bin da!
Ich bringe Harmonie
in deine und anderer Gedanken.

Weißt du nicht, wie du dich entscheiden sollst:
Ich bin bei dir,
Ich leite und führe dich
und will dir den Weg ebnen.

Fechten dich Furcht und Niedergeschlagenheit an,
so wisse: Ich bin bei dir,
Ich schütze und beruhige dich.
Die Furcht wird verschwinden
und Mein Frieden wird in dich einkehren.

Meine Liebe begleitet dich allezeit.
Sei geborgen in ihr,
gehe hin im Frieden und Vertrauen.
Wisse, daß Meine Liebe immer am Werk ist,
in dir und durch dich.

XXXVII

Öffnet euch weit
dem Strom der göttlichen Liebe,
der allumfassenden Liebe.

Öffnet die Türen eures Herzens,
nichts soll diesen Strom hemmen.
Haltet das Tor weit offen,
so daß Licht und Liebe ungehindert
in und durch euch fließen können,
daß die Kraft des Lebens immer in euch am Wirken ist.

Liebe ist der Schlüssel,
Liebe öffnet alle Türen —
warum ihn nicht gebrauchen?
Dreht den Schlüssel herum
und seht, was geschieht!

Er wird euch ein neues Leben aufschließen,
ein Leben voller Freude und Erfüllung.
Denn wenn Liebe von euch ausströmt
in das Leben eurer Nächsten,
schafft sie Verwandlung,
denn Liebe zieht Liebe nach sich.

XXXVIII

Ruhe in Meiner Liebe
und fühle ihre heilende Kraft;
fühle, wie sie ungehindert
durch jede Zelle deines Körpers fließt
und Gesundung bringt, Einssein.

Erkenne dieses Einssein
und alles wird gut in deinem Leben,
in wahrer Vollkommenheit.

Vertraue auf Meine Liebe
und gib diese göttliche Liebe weiter,
allen, mit denen du zusammenkommst.

Wie du gibst, so empfängst du.

Erkenne, daß Ich in dir bin,
und handle nach Meinem Willen.
Fühle dich völlig geborgen in Meiner göttlichen Liebe
und strahle hinaus:
Freude,
Liebe,
Glück
und Freiheit!

Sei, was Ich bin,
lebe Mein Leben!

XXXIX

Ich bin Liebe,
Ich bin Leben,
Ich bin Einssein,
Ich bin die Vollkommenheit in allem.

Je mehr Liebe du in die Welt hinausstrahlst,
desto mehr Liebe wirst du empfangen.

Liebe kann deine Einstellung zum Leben wandeln,
Liebe vermag sogar die äußere Erscheinung
eines Menschen zu ändern:
Selbst ein unscheinbares Antlitz wird schön,
wenn das Herz voller Liebe ist.

Nichts ist der umwandelnden Macht der Liebe gleich.
Keine Kraft im Universum vermag wie sie zu vereinen.

Liebe schmiedet euch zusammen,
Liebe macht euch eins,
Liebe läßt euch das Beste im anderen sehen,
Liebe läßt alle Schwierigkeiten überwinden,
alles, was euch auseinanderbringen und trennen will.

XL

Liebet einander!

Ich kann euch nur das Gebot geben,
daß ihr einander liebet –
handeln müßt ihr selbst.

Lieben heißt,
den andern bei der Hand zu nehmen
und zu verstehen suchen, was ihn bewegt.

Liebe reißt alle Schranken ein,
fließt als ununterbrochener Strom zwischen euch.
Liebe kennt kein Auf und Ab,
keine Zuneigungen und Abneigungen.

Liebe soll nie auf- und zugedreht werden wie ein Wasserhahn;
wenn ihr liebt,
so tut es aus ganzem Herzen.

Scheut euch nie, eure Liebe zu zeigen,
denn Liebe sollt ihr nicht verbergen.
Sie ist da, damit sie alle sehen,
damit alle teilhaben.

Laßt diese göttliche Liebe frei in euch fließen.
Liebe zieht Liebe nach sich.
Haltet eure Herzen offen
und liebt, liebt, liebt!

XLI

Entspanne dich,
löse dich von aller Hetze, allem Druck,
und ruhe in Meiner Liebe.

Werde still in Meiner Liebe,
und dann trage sie hinaus:
Liebe,
Liebe,
immer mehr Liebe,
zu jedem, zu allem!

Alles sehnt sich nach Liebe,
nach Meiner göttlichen Liebe.

Sei ein Werkzeug Meiner Liebe!

XLII

Liebet Mich
und setzt Mich in allem an die erste Stelle.

Ihr könnt Mich nicht erkennen,
noch Mir nachfolgen
und Meinen Willen tun,
wenn ihr Mich nicht liebt.

Ihr könnt Mich nicht lieben,
bevor ihr nicht einander liebt.

Viele Seelen sprechen von der Liebe,
die sie zu Mir empfinden,
und doch wissen sie nicht, was es heißt,
den Nächsten zu lieben wie sich selbst.

Immer ist Liebe der Schlüssel:
Ihr müßt lernen zu lieben das, was ihr tut,
zu lieben die, mit denen ihr zusammenseid.
Liebet den Ort, an dem ihr lebt, und seine Umgebung.
Liebet die Luft, die ihr atmet,
liebet noch den Boden, auf den ihr tretet.

Liebet alles, was ihr seht.
Liebet alles
und erkennt euer Einssein mit aller Schöpfung.

Ich bin in allem,
Ich bin in jedem,
Ich bin der Ich bin —

wir sind eins.

XLIII

Strahlt Liebe aus,
Liebe,
und abermals Liebe!

Wo Liebe in die Welt kommt,
geschieht wunderbare Heilung.
Sie ist wie Balsam,
der auf eine Wunde gegossen wird,
der ganz macht und heilt.

Liebe beginnt im einzelnen,
in jedem von euch,
und wächst wie die Saat;
hervorbrechend enthüllt sie
Vollkommenheit und Schönheit.

Das ist es, was jetzt geschieht.
Erlebt es mit, ganz bewußt,
wehrt ihm nicht!

Vergeßt nie zu danken,
daß ihr ein Werkzeug
der Liebe sein dürft.

Spannt aus,
werdet stille.
Laßt Mich euch gebrauchen —
jetzt!

XLIV

Göttliche Liebe ist unwandelbar,
sie wird nicht beeinflußt
von äußeren Umständen und Bedingungen,
sondern bleibt dieselbe —
gestern, heute und in Ewigkeit.

Es ist nutzlos, über Liebe zu sprechen:
Die Liebe muß brennen in euch!
Sie muß gelebt
und im Handeln sichtbar werden.

Liebe ohne Werke ist tot.
Göttliche Liebe kennt weder Unterschiede
noch Trennung,
denn sie schließt alles ein
und umhüllt jeden.
Das ist göttliche Liebe,
Agape.

XLV

Wenn ihr völlig offen seid
für Liebe und Verstehen,
werdet ihr den wahren Sinn des Lebens erkennen.

Denn Leben ist Liebe, und Liebe ist Leben.
Ich bin Liebe und Leben,
alles in einem.

Liebe ist Einheit,
Liebe ist Vollkommenheit.

Wenn ihr aus ganzem Herzen liebt,
werdet ihr vollkommen,
werdet ihr eins mit allem Leben.

XLVI

Meine Liebe zu dir währt von Ewigkeit zu Ewigkeit.
Wachse hinaus über allen Zweifel,
über alle Selbstverdammung
und erkenne, daß du nach Meinem Bilde geschaffen bist;
sieh darin die Vollkommenheit.

Sei, was Ich bin.
Lebe Mein Leben.
Wisse: Ich bin in dir.
Du bist geborgen in Meiner Liebe.

Meine Liebe durchströmt dich als belebende Kraft
und fördert das Beste in dir,
entfaltet alle deine Gaben und Talente,
macht deinen Glauben stark und unerschütterlich,
enthüllt deine Ganzheit.

Wenn du vollkommen auf Mich eingestimmt bist,
weißt du, was wahre Freiheit ist
und bist voller Freude und Glück.

In jedem deiner Nächsten kannst du Mich dann sehen,
den göttlichen Funken, der in allem ist.

Sieh mit sehenden Augen,
höre mit hörenden Ohren,
und sage Dank allezeit.

XLVII

Meine Liebe ist ohne Ende
Meine Liebe höret nimmer auf;
Ich werde dich nie enttäuschen noch verlassen.

Rufe Mich an, jederzeit:
Ich bin da,
Ich bin bei dir,
bei Mir sind alle Dinge möglich.

Achte auf Meine sanfte, leise Stimme in deinem Innern;
folge ihr, und alles wird sich klären,
alle Zweifel und Ängste werden sich auflösen.

Das göttliche Gesetz steht über deinem Leben.

XLVIII

Geben ist seliger denn Nehmen!

Darum gebt
und gebt
und gebt immer weiter –
und rechnet nicht auf!

Wenn ihr zu geben lernt,
ohne an euch zu denken,
und zu überlegen, was folgen könnte,
wird es euch tausendfältig zurückgegeben werden.
Das ist ein Gesetz.

Leben ist
unaufhörliches
Geben und Nehmen.

Vollendung

Ich sah einen Töpfer etwas formen, das aussah wie eine Vase. Ich sah ihn formen und wieder formen, bis er mit Größe und Form zufrieden war.

Dann sah ich ihn all die weiteren verschiedenen Prozesse durchführen, aber am Ende, wenn das Gefäß fertig zu sein schien, hatte es entweder einen Sprung oder eine Blase, und es mußte verworfen werden.

Mit unendlicher Geduld machte er sich dann wieder an sein Werk, bis ihn volle Zufriedenheit mit dem Geschaffenen erfüllte.

Ich vernahm die Worte:

> »Wenn Ich einmal Meine Hand auf dich gelegt habe, werde Ich dich niemals, niemals lassen, bis Mein Werk vollendet ist. Friede sei mit dir!«

XLIX

Sinnt nach über die Worte:
»*Jetzt* ist die Zeit.«

Ihr findet das Geheimnis eines freudvollen,
harmonischen, beglückenden Lebens,
wenn ihr im Jetzt die einzige Zeit seht.

Jetzt ist die einzige Zeit, die es gibt.
Verweilt nicht länger in der Vergangenheit,
noch schaut aus nach einer Zukunft.

Seid wach in dem herrlichen *Jetzt,*
das erfüllt ist von der Güte Gottes;
nehmt es ganz an!

Dieses Verstehen ist euer *Jetzt* —
nehmt es an:
Harmonie
Heilung
Überfluß
Schutz
Frieden
Freude

Voll Freude und Dankbarkeit
nehmt alles an als Geschenk.
Lebt in Harmonie, Freude und Glück — *jetzt!*

Seid im Frieden mit Mir
und mit der Welt — *jetzt!*

L

Erhebe dein Bewußtsein
und erkenne, daß du ewig bist:
Du bist so jung wie die Zeit
und so alt wie die Ewigkeit.

Wenn du aus Meiner Fülle lebst,
im immer gegenwärtigen Jetzt,
bist du immer so jung wie die Gegenwart.

Du wirst fortwährend wiedergeboren
im Geiste und in der Wahrheit;
du kannst nicht stehenbleiben in diesem spirituellen Leben.

In einem Zustand dauernder Bereitschaft zu leben,
hält dich immer rege und jung.
Es gibt immer Neues und Spannendes
zu lernen und zu tun.

Wenn dein Geist träge und stumpf wird,
verliert das Leben allen Glanz und Reiz.
Halte deinen Geist wach,
und du wirst nie altern.

Der Brunnen der Jugend ist in deinem Bewußtsein,
die Freude am Leben ist das Lebenselixir.

LI

Frieden,
Gelassenheit
und Ruhe sind in dir –
suche nicht draußen danach.

Jetzt ist die Zeit, sie zu finden –
nicht morgen!
Schiebe es nicht auf!

Was auch um dich herum geschieht:
Du kannst den Frieden,
die Gelassenheit und Ruhe verwirklichen,
und indem du das tust,
kannst du in jeder Situation helfen.
Du kannst alles, was geschieht, richtig beurteilen;
nichts ist verzerrt
und niemand entstellt.

Ersetze alle negativen Gedanken
durch positive, liebevolle;
gehe deinen Weg voll Freude!

Ich bin mit dir.

LII

Füllt eure Herzen und Sinne
mit Frieden,
Liebe,
Stille,
Ruhe.

Tut das als letztes in der Nacht, bevor ihr schlafen geht,
und dann wieder als erstes am Morgen beim Erwachen.

Wenn ihr lernt, das zu tun,
werdet ihr diesen wunderbaren Bewußtseinszustand
hineintragen in euren Alltag.

Alles, was richtig und gut getan werden muß,
bedarf der Übung.
Seid willig zu lernen
und übt weiter,
wie ein Leben des Friedens und der Stille zu führen ist —
bis ihr es behrrscht,
und es Teil von euch ist.

Fangt jetzt damit an.

LIII

Seht euer ganzes Wesen erfüllt
von Licht und neuem Leben.

Seht jede Zelle vibrierend von Energie und Leben,
seht euch selbst heil,
erkennt die Ganzheit allen Lebens.

Seht, wie sich alles vollzieht
in vollkommenem Einklang und Harmonie;
das ganze Universum ist unter göttlichem Gesetz.

Seid euch ganz bewußt,
daß ihr Teil seid dieses göttlichen Gesetzes,
daß ihr Teil seid dieses vollkommenen Einklangs.

Fließt mit ihm,
verschmelzt mit ihm –
jetzt!

LV

Gebt euch hinein in den Strom
allen Geschehens und Lebens,
ohne Anstrengung,
ohne Widerstand.

Ihr seid alle wie Blumen im Garten des Lebens –
laßt eure Blüten sich entfalten,
ganz natürlich und sanft;
enthüllt alle Wunder und Schönheit,
die in euch angelegt sind!

Wenn ihr es geschehen laßt,
daß sich euer wahres Selbst enthüllt,
erheben sich überall um euch
die Schwingungen.

Wenn jeder von euch
den Christus in seinem Innern
nach außen strahlen läßt,
geschieht Verwandlung.

Laßt euch verwandeln
und sagt allezeit Dank dafür!

LVI

Sanft, leicht fließt das Gute uns zu,
wie dem Bache sanft sein Wasser.

Der Bach scheint keine Eile zu haben,
noch Sorge um seine Bestimmung –
den Fluß, den See oder das weite Meer.

Manchmal vergessen wir,
daß Gott die Quelle unseres Lebenswassers ist.
Wenn wir uns aber auf Ihn verlassen
wie der Bach, stellen wir fest,
daß auch wir uns nicht ängstigen um unser Ziel,
weil wir erkennen, daß Gott für alles sorgen wird,
dessen wir bedürfen.

Wenn der Fluß so dahinströmt,
münden Nebenflüsse in ihn ein,
und es fällt Regen hernieder;
so bleibt er gefüllt.

Das gilt auch für uns:
Gott versorgt uns ständig
auf unserem ganzen Lebensweg.

Heute sage ich Dank dafür –
das Gute strömt mir zu
im Überfluß.

LVII

Je leerer du bist,
desto leichter ist es für Mich, dich zu erfüllen –
mit Mir
Meiner Liebe
Meinem Licht
Meinem Leben,
bis dein ganzes Wesen überströmt von Mir
und du die Bedeutung unseres Einsseins zu verstehen beginnst.

Dann kann Ich ganz in dir und durch dich wirken,
um Meine Wunder und Herrlichkeit zu offenbaren.

Solange du selbstgefällig und selbstzufrieden bist,
oder dich nur um dich selbst kümmerst,
voller Selbstmitleid und Eigenliebe,
baust du eine harte Schale um dich,
und was im Innern ist,
hat größte Schwierigkeiten,
einen Weg nach draußen zu finden
und sich auszudrücken.
Halte deinen Sinn auf Mich gerichtet
und gib Mir Ausdruck in allem,
was du tust, sagst oder denkst.
Fließe in das Neue
in vollkommener Harmonie, Freude und Freiheit.

LVIII

Lebe aus dem Geist und aus der Wahrheit.
Erlaube Mir, in dir und durch dich zu wirken —
allezeit.

Gehorche Meiner sanften Stimme,
ohne zu zögern.
Erfülle frei und freudig Meinen Willen
und sieh alles um dich als Wunder aus Meiner Hand.

Ich bin in dir.
Nur was aus der Seele kommt, zählt.
Alles stammt von dem, was im Innersten deines Wesens ist.

Es ist wie bei einem Stein,
der in einen Teich geworfen wird:
Die Wellen gehen vom Zentrum aus und weit hinaus;
sie berühren und erreichen alles.

LIX

»Wie der Mensch denkt, so ist er.«

Suche und sieh das Allerbeste in jeder Situation.
Fühle dich nie berechtigt,
dich ärgerlich oder unglücklich zu fühlen,
weil du unfair oder ungerecht behandelt worden bist;
denn das trägt nicht zum Frieden
oder Wohlergehen der Seele bei.

Kehre jedes negative Denken und Fühlen ins Positive um,
weise das Negative einfach von dir ab.
Wisse, daß Ich in allem und in jeder Situation bin,
und richte deinen Sinn auf Mich.

Wisse, daß Ich die Quelle von allem bin –
allem Leben,
allem Wohlergehen.
Alles, was du brauchst,
verlange von Mir,
und du wirst das Allerbeste erhalten.

Säume nicht,
allezeit Dank zu sagen,
für alles.

LX

Gesegnet ist der,
dessen Herz überströmt von Liebe und Danken,
der Dank sagt für jede Gabe,
der Mich als Quelle erkennt
und jeden Geber als Mein Werkzeug,
durch das Ich wirke.

Die beste Art,
Liebe und Glück in euer Leben zu bringen,
ist, alles zu segnen
und Dank zu sagen für alles,
was euch weiterbringt,
und nichts als selbstverständlich zu nehmen,
oder zu meinen,
man hätte ein Recht auf eetwas.

Erkennt alles als ein Geschenk von Mir!

Saget Dank und segnet eure Speisen,
segnet das Dach über eurem Kopf,
segnet jeden Menschen,
den Ich euch ans Herz gelegt habe,
und seht in ihm
Mich als euren Bruder.

Laßt alles, was ihr tut,
getan werden in Liebe
und zum Wohle des Ganzen,
und Mir zur Ehre und Herrlichkeit.

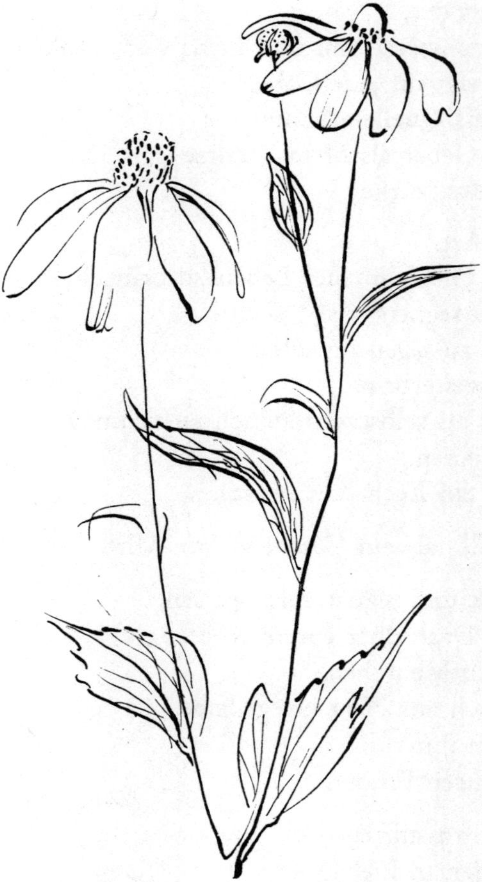

Handeln und Dienen

Viele, viele Menschen wurden mir gezeigt, die kommen, um hier in diesem Zentrum des Lichts zu leben – jedoch nicht, um hier zu bleiben, sondern um wieder hinauszugehen und zu arbeiten an ihren Arbeitsplätzen: Sie trugen den Geist Findhorns und des neuen Zeitalters mit sich und strahlten ihn aus.

Ganz klar konnte ich das sehen, dann vernahm ich die Worte:

> »Siehe, wie Mein Licht und Meine Liebe hinausgehen in
> die ganze Welt.«

LXI

Euer Leben hängt davon ab,
daß ihr ein- und ausatmet,
in ständigem Wechsel.
Ohne dieses Ein und Aus
könntet ihr nicht leben.
Es ist ein ständiger Wechsel
von Geben und Empfangen.

Öffnet weit euer Herz
und gebt, soviel ihr könnt,
von den Gaben,
die ihr von Mir empfangen habt.

Gebt Liebe,
Weisheit
und Verständnis.

Gebt das Unbegreifbare
wie auch das Greifbare.

Gebt aus vollem Herzen
und voller Freude —
ohne an euch selbst zu denken.

LXII

Ihr seid Meine Hände und Füße,
deshalb müßt *ihr* tätig werden.

Eine kleine Tat
kann fest verschlossene Türen weit öffnen.
Deshalb seid stille,
nehmt euch Zeit zu lauschen,
so werdet ihr Meine Anweisungen hören;
dann handelt unverzüglich!

Zu jeder Seele kann eure Beziehung gut werden:
Erhaltet die Liebe am Fließen
und achtet auf eure Reaktion,
sollte die Erwiderung nicht sofort kommen.

Liebe wird immer einen Weg finden.
Seid immer geduldig
und liebevoll.

LXIII

Seid Meine Werkzeuge
und lauscht auf Meine sanfte Stimme im Innern.

Wenn ihr Meiner Stimme folgt,
werdet ihr genau wissen,
was zu tun ist,
wie ihr es tun sollt,
wohin ihr gehen müßt.

In der Stille,
im Frieden
erfahrt Meine göttliche Gegenwart.
Wisset: Ihr bin mitten unter euch,
und alles ist sehr, sehr gut.

Friede sei mit euch!

LXIV

Glauben ohne Werke ist nichtig.
Lebe und zeige deinen Glauben,
damit alle sehen, was er dir wirklich bedeutet:
Wie er stärker wird,
wenn du ihn in die Tat umsetzt:
zu Beginn noch im kleinen,
aber nach und nach in jedem Bereich deines Lebens.

Wenn ein kleines Kind anfängt zu gehen,
macht es erst einige zögernde Schritte,
bis es Vertrauen gewinnt.

Dann aber werden seine Schritte fester und sicherer,
bis es schließlich, ohne zu stolpern, gehen kann.

Dann lernt es zu laufen und zu springen,
aber jede Stufe braucht ihre Zeit.

So ist es auch mit dem Glauben:
Er muß allmählich aufgebaut werden,
er ist nicht auf einmal einfach da.
Sei geduldig
und bleibe dabei.

LXV

Was alles mir möglich ist,
erfahre ich nur,
wenn ich es wage.

Ich entscheide mich,
vorwärts zu gehen,
was auch immer geschehen soll.
Ich tue es im Glauben.

Ich weiß: Nichts ist unmöglich,
wenn der Vater mich führt und leitet.
Er weiß, was am besten für mich ist.

In der Stille
erlebe ich mein Einssein mit dem Vater.
Alles, was ich brauche, wird Er mir geben:
Kraft,
Verstehen,
Weisheit,
Liebe — in grenzenlosem Überfluß.

Ich hebe mein Herz auf
in tiefer Dankbarkeit für alles.
Ich habe mich entschlossen,
im Glauben vorwärts zu gehen.
Ich weiß, es wird gelingen.

Der Vater ist immer mit mir,
immer in mir.

LXVI

Dient Mir durch eure tägliche Arbeit,
in allem, was ihr denkt, sagt und tut.

Dient Mir im kleinen
und im großen eures täglichen Lebens.

Laßt Mich nirgendwo beseite
und teilt euer Leben nie in »Fächer« ein,
sondern erkennt, daß alles *ein* Leben ist,
und lebt es ganz in diesem Wissen!

LXVII

Ich heiße dich oft,
dein Leben zu leben,
nicht nur davon zu reden.

Es wird viel zuviel geredet
und zuwenig getan in der heutigen Welt,
darum ist sie auch in diesem Zustand.

Ihr seid die, die das neue Leben verwirklichen sollen,
die in die Tat umsetzen sollen, was Ich euch sage.
Ihr müßt es selbst tun,
dies nimmt euch niemand ab.

Der Becher kann euch wohl gereicht werden,
aber trinken müßt ihr selbst.
Die Schale kann euch wohl gefüllt werden,
aber auch essen müßt ihr selbst,
wenn ihr euch davon nähren wollt.

Ihr könnt geistige Wahrheiten hören —
aber nur, wenn ihr sie lebt
und danach handelt,
werden sie sich für euch erfüllen.

Ihr müßt selbst denken, planen und handeln.
Ihr müßt auf eigenen Füßen stehen
und dürft nie erwarten,
daß ein anderer euch die Arbeit abnimmt.

LXVIII

Freue dich jeden Augenblick des Lebens,
denn Christus erfüllt unsere Seelen und segnet uns.
Er schenkt uns die richtige Einstellung zum Leben.

So findest du Freude in jeder Tätigkeit,
Freude im Ausruhen und Frieden,
Freude in unserer Gemeinschaft.

Freude erfüllt uns mit Kraft
und befähigt uns, auch das Unangenehme
mit Begeisterung und Optimismus zu tun.

Freude erkennt hinter der äußeren Erscheinung
das Beste in jedem Erlebnis,
in jedem Geschehen.

Freude hilft uns, das Licht zu sehen
und das Ende des Tunnels aus menschlichem Zweifel.
Freude entfacht in uns den Willen,
immer wieder neu zu beginnen.

Freude läßt uns allezeit schenken;
Freude ist das Beste,
das wir dem Leben geben können.

LXIX

Freude ist eine Frucht des Geistes.
Gebt der Freude mehr Raum in eurem Leben,
seid fröhlich und lacht!

Es ist so wichtig,
daß Harmonie in eurem Leben herrscht.
Dann kann es eine Freude ohne Ende werden.

Meine göttliche Gegenwart
soll euch in eurer Freude
immer bewußt sein.

LXX

Glauben ohne Werke ist tot.

Glauben ohne Liebe
ist wie eine Wüste:
ohne Wasser,
ausgedörrt,
trocken,
unfähig, etwas Lebendiges hervorzubringen.

Darum haltet eure Herzen offen
und die Liebe am Fließen,
was auch um euch herum geschieht.

Lebt,
ein kraftvolles, lebendiges Leben,
das wieder Leben hervorbringt,
reicheres Leben!

LXXI

Ihr könnt nichts beweisen,
bevor ihr es nicht erprobt habt.
Ihr müßt im Glauben hinausgehen
und das scheinbar Unmögliche vollbringen.

Ihr müßt lernen, über euch hinaus zu leben,
über eure eigenen Begrenzungen hinaus,
um zu erfahren,
um zu beweisen,
daß mit Mir alle Dinge möglich sind.

Wenn ihr in eurem engen, kleinen Selbst lebt,
in der Angst, eure Grenzen zu überschreiten,
euer Dasein auf die Probe zu stellen,
werdet ihr nirgendwohin gelangen.
Ihr werdet versäumen, Meine Hand in allem zu sehen.

Fürchtet euch nicht,
wisset, daß Ich immer mit euch bin.
Ich will euch führen und jeden eurer Schritte lenken.

Erwartet Wunder über Wunder,
seht sie sich ereignen!
Ihr seht den neuen Himmel und die neue Erde,
wenn ihr lernt,
dieses Leben zu leben und zu verwirklichen.

LXXII

Ich bin Liebe
Ich bin Licht
Ich bin Frieden
Ich bin grenzenlose Fülle

Erkenne, daß was immer Ich bin, auch du bist,
weil wir eins sind,
denn tief in deinem Herzen ist
Liebe
Licht
Frieden
Fülle

Verweile bei diesen Worten —
Liebe
Licht
Frieden
Fülle —,
bis du weißt, daß du sie verwirklichst,
daß sie Teil von dir sind,
und daß alles, was nicht aus Mir kommt, umgewandelt ist.

Du kannst allen Irrtum, alle Schatten überwinden,
wenn du erkennst, daß die einzige Macht,
die sie über dich haben,
dein Glauben an sie ist.

Wenn du diese Wahrheit über dich selbst erkennst,
bist du frei.

Sei allezeit dankbar für die Wahrheit und wandle darin.

LXXIII

Geh in die Stille,
fühle, wie Frieden und Ruhe in dich einkehren
und dich einhüllen.

In dem Zustand vollkommenen Friedens
bitte um Meinen Segen und empfange ihn.

Dann gehe hin in völligem Glauben und Vertrauen
und tue, was getan werden muß.
Wisse, daß Ich mit dir bin auf allen deinen Wegen
und daß alles sich zur Vollkommenheit entwickeln wird.

Je größer die Aufgabe, die zu erfüllen ist,
desto größer der Glaube, desto größer Mein Segen.

Unterstellt Mir jeden Bereich eures Lebens,
dann wird alles von Mir gesegnet.

Bin Ich denn nicht in jedem von euch?
Seid euch dessen ganz bewußt, allezeit!

LXXIV

Gehe voran und hinauf,
strebe immer nach dem Höchsten.

Leben ist Bewegung
Leben ist Wandlung
Leben ist Wachstum

Keine Seele kann im selben Zustand verharren für alle Zeit.
Die Natur kann nicht stehenbleiben;
sie ist Entfaltung und stete Verwandlung,
wachsend von einer Stufe zur nächsten.

Die Eichel wächst heran zum mächtigen Eichbaum,
Die Zwiebel bringt schöne Blüten hervor
und die Saat des Feldes den Weizen.

Verwandlung geschieht allezeit.
Stelle dich ihr nicht entgegen,
sondern nimm sie an.

Es mag mitunter schmerzhaft sein,
doch sei bereit,
auch Unbequemlichkeiten auf dich zu nehmen,
damit das Neue sich in Herrlichkeit
in dir und durch dich entfalten kann.
Es verwandelt dich in ein neues Wesen,
voller Licht und Liebe,
erfüllt von Meinem Geiste.

LXXV

Seid bereit, voranzugehen ins Unbekannte,
ohne Furcht und Zagen,
um etwas völlig Neuem den Weg zu bahnen.

Da wird es keine eingefahrenen Geleise geben,
denen ihr nur zu folgen braucht,
sondern unermeßliche, neue Räume,
die zu erforschen sind,
und das wird voller Überraschungen sein.

Laßt Mich jeden einzelnen von euch führen,
jeden Schritt auf seinem Wege,
und ihr werdet erkennen,
daß euer ganzer Weg vorbereitet ist.

Eine Tür nach der anderen wird sich vor euch öffnen,
nichts soll sich euch in den Weg stellen.
Ihr werdet die Fülle der Möglichkeiten sehen
und jeder wird seine besondere Aufgabe finden
und seinen Platz im großen Plan einnehmen.

Setzt Mich in allen Dingen an die erste Stelle,
und nichts kann mißglücken.
Es sind aufregende Zeiten, in denen ihr lebt,
und alles kann geschehen,
jeden Augenblick.

Erwartet Wunder auf Wunder,
erfahrt sie,
und sagt Mir Dank allezeit.

Ich vernahm die Worte:

»Laßt euer Leben ausbrechen in heller Freude,
und laßt die Liebe frei fließen,
zu einem jeden und über alles,
umwandelnd alles, was sie berührt!«

Weitere Bücher aus dem Opal Verlag
(Direktversand, Bestellanschrift siehe Seite 4)

Stylianos ATTESHLIS (»Daskalos«): ***Weisungen zum Leben***
Band 1: In dir ist mehr, viel mehr
Durch Bücher über ihn und durch eigene Werke wurde er im deutschen Sprachraum bekannt. Unzählige Heil- und Heilungsuchende reisten nach Zypern, wo der spirituelle Lehrer in aller Bescheidenheit lebte und wirkte. Seine große, tiefe Liebe zu allem Leben, seine Weisheit und seine klare Vermittlung der christlichen Botschaft gaben vielen die Hilfe, derer sie bedurften.
Dieses Buch ist eine Auswahl von Vorträgen aus der Stoa in Strovolos, vor Angehörigen der Kreise der Wahrheitsforscher und bei öffentlichen Veranstaltungen in Mitteleuropa - zum Nacharbeiten, zur Erbauung, zum Studieren, zum Trost, zum tieferen Verständnis: *Weisungen zum Leben* aus dem Herzen eines Wissenden. (Auslieferung im Frühjahr 1996, weitere Bände vorgesehen)
ca. 150 S., Stichwortverzeichnis, Pb., ca. DM/SFr 24 · öS 180; ISBN 3-924021-08-2

Anneliese GLEDITSCH: ***Vom Bewußtsein zum Gewißsein***
Hinführung zu einem somatopsychischen Menschenbild. Gesamtschau der Leib-Seele-Einheit des Menschen in ihrer Ausrichtung auf den Geist, von der modernen Psychologie und Bewußtseinsforschung bis weit zurück in die Kulturgeschichte zu Paracelsus, Hildegard von Bingen, Hippokrates, chinesischer Philosophie und Medizin. Immer deutlicher leuchten Lebensprinzipien auf, die in der bunten Vielfalt der Schöpfung zum Ordnungskriterium werden; so wird der Sinn für Analogien und phänomenologische Übereinstimmungen geschult. In anschaulichen Beispielen erkennt der Leser sich selbst und die Menschen seines Umfeldes wieder; so erweist sich das Buch als Hilfe zur Lebensbewältigung und -beratung. Das dargestellte Menschenbild hat sich in der praktischen Arbeit als Grundlage für die Sinnfindung und für eine Neubesinnung auf die christliche Spiritualität bewährt.
476 S., 50 Illustr., Pb., DM/SFr 39,80 · öS 300; ISBN 3-924021-07-4

David SPANGLER: ***Das Waldkirchlein***
... erinnert uns nicht nur zur Weihnachtszeit an unser geistiges Potential, an die ewig gültige Botschaft der göttlichen Liebe: Das Christus-Licht ist in allen!
Durch ansprechende Illustrationen (ausmalbar) und große Schrift ist dieses zauberhafte Büchlein für Kinder und Erwachsene gleichermaßen geeignet.
32 S., Pb., DM/SFr 9,80 · öS 78; ISBN 3-924021-02-3

Suche nach Gott - Buch I
»Die Seele des Menschen ist das Größte in der ganzen Schöpfung, denn sie kann eins mit dem Vater sein« (Edgar Cayce-Reading). Dahin gibt es nur einen Weg: das Ansprechen auf das Göttliche in uns. Das Buch ist ein Wegweiser, der die Aspekte unserer praktischen Bemühungen und die Zusammenhänge der göttlichen Gesetze im täglichen Leben zeigt. Es gibt kein Versagen, nur Lektionen auf dem Wege; was zählt, ist das immer strebende Bemühen. (2., verb. Auflage 1985)
152 S., Pb., DM/SFr 20,00 · öS 156; ISBN 3-924021-03-1

Unser Lieferprogramm deutsch- und (in Auswahl) englischsprachiger Titel hat die Schwerpunkte: Dr. Stylianos Atteshlis (Daskalos), Findhorn, Edgar Cayce und Blütentherapie. Titel aus anderen Verlagen und Tonträger nur an private Besteller.